Un Amore per la tua Cucina

e

Ricette nel Sangue

ISBN: 978-1492311621

Autore: Cinzia Medaglia

Copertina di: Martin R. Seiffarth

Realizzazione editoriale: Martin R. Seiffarth

Printed in USA

Indice

Un Amore per la tua Cucina

Capitolo 1. Un caffè profumato

E' mattino nella grande città.

Tutti al lavoro, i ragazzi a scuola. In strada ci sono lunghe file di macchine.

Ma Armando non ha fretta^(is in no hurry). Sono le 8.40, e la sua lezione comincia alle 9.15. Ha tutto il tempo di bere il suo caffè.

"Vuole del latte nel caffè?" chiede la barista.

Armando la guarda con orrore.

"No, grazie" risponde seccamente. E pensa:

"Latte nel caffè… certo che no! Non si può rovinare il caffè con del latte, soprattutto questo caffè, nero e profumato."

Armando viene in questo bar torrefazione^(coffee store) ogni mattina: mezz'ora da casa a piedi. Si ferma, beve quello che chiama il "caffè più buono del mondo", poi, in dieci minuti, è all'università, dove lavora.

Cammina svelto Armando. E' alto e snello perché non ha l'automobile e si muove sempre a piedi. Inoltre gioca a tennis con il suo collega Fabio, ed è un eccellente giocatore!

"Ehi Armando, vuoi un passaggio?" Il bel viso di Lorena, la sua collega, si affaccia al finestrino di un'auto ferma al semaforo.

"No, grazie Lorena. Preferisco camminare, lo sai…"

Lorena fa "ciao" con la mano e gli sorride.

"Ci vediamo all'università" gli dice.

"Lorena mi piace veramente" pensa Armando. "Forse è venuto il momento di sposarmi."

Lo ha detto tra sé così per scherzo^(as a joke), ma è un pensiero che ha sempre più spesso negli ultimi tempi: sposarsi, avere una donna accanto, una donna bella, dolce, intelligente. Potrebbe essere Lorena. La conosce da tanto tempo. Gli piace molto e sa che lui piace a lei. Lo capisce da come lo guarda, da come gli sorride, da come gli parla.

"Ma per Lorena sono importanti le cose che sono importanti per me?" si chiede Armando. "So che a lei, come a me, piace molto viaggiare, e le piacciono anche tanto lo studio e i libri… Ma il cibo^(food)? A Lorena piace mangiare bene? Dà importanza al cibo come la do io?"

Armando è quasi arrivato all'università. Ma prima, come ogni mattina, si ferma davanti alla vetrina di una pasticceria: è una delle pasticcerie più famose della città.

Rimane lì fermo. Come incantato^{bewitched}.

"Ti fermi sempre davanti a questo negozio!" È di nuovo la voce di Lorena.

"Ciao" esclama lui sorpreso. "Sei già qui…"

"Sì, ho avuto la fortuna di trovare un parcheggio."

Armando fa sì con la testa. Poi torna con gli occhi alla vetrina.

"Sempre goloso^{you've got a swettooth!} eh… "dice lei.

"Goloso non è la parola giusta!" Risponde lui seccamente.

Lorena capisce che ha detto qualcosa di sbagliato e aggiunge:

"Scusa. Comunque anche a me piacciono i dolci."

"Quali?" domanda lui sinceramente curioso.

"Ma… non so. Per esempio quello!" Indica una grossa torta alla frutta.

"Ah, la crostata…"

"Sì, oppure quella che sembra una grande brioche.

7

"Quella è una veneziana farcita… E cosa dici dei pasticcini? Quali preferisci?"

"Mmh, credo i cannoli o i babà."

"I dolci della nostra Sicilia!" esclama lui. "Mia nonna era siciliana, faceva dei dolci straordinari."

"Sì, ogni tanto cerco di preparare una torta, ma non riesco mai. Non sono una brava cuoca. Ricordo che tu un giorno hai portato in università un tiramisù. Era fantastico…"

"Sì, preparare il tiramisù non è difficile, difficile è realizzare queste torte di pasticceria."

"Adesso andiamo però, tra dieci minuti comincio la lezione."

"Sì, andiamo."

I Dolci Italiani
Conoscete i dolci italiani più famosi?

- La crostata
- La veneziana
- I cannoli

- I babà
- I tiramisù

Sono già entrati nell'edificio^{building} dell'università quando Armando fa una domanda a Lorena. Questa per lui è una domanda molto importante.

"Ti piace mangiare?" le chiede.
"Sì, mi piace" risponde lei. "Però non è senz'altro la cosa più importante nella mia vita."

"Non è la cosa più importante della mia vita" ripete Armando tra sé.

Lorena continua a parlare. Parla di lavoro adesso, dell'università e dei suoi studenti, ma Armando non la ascolta.

E' immerso nei suoi pensieri^{deep in thought}.

"E' veramente la donna per me?" pensa. "Per lei il cibo non è così importante. Invece per me è importante, molto importante. Forse è proprio la cosa più importante della mia vita."

Il caffè
Il caffè italiano è famoso in tutto il mondo e ha sue caratteristiche particolari.
Basso, cremoso, molto aromatico, si può fare con due tipi di macchine: la moka e la macchina caffè automatica del bar.

Nella casa italiana non può mancare, soprattutto al mattino e dopo i pasti.

Il segreto della bontà del caffè italiano dipende dalla "macinatura" del caffè come viene cioè ridotto in polvere, e dalla torrefazione.

Consigli per la preparazione di un vero caffè all'italiana fatto con la tradizione macchina per caffè di casa (Moka):

• acquistate un caffè di qualità di vostro gusto

• evitate miscele di diversi tipi di caffè.

• usate acqua fresca e leggera.

• dosate in modo equilibrato acqua e caffè.

• scaldate al minimo di "fiamma"

• girare il caffè nella moka per "mischiarlo"

• berlo se è possibile senza zucchero per gustarlo ben "amaro" perché questo, come dice Armando, è il suo gusto caratteristico!

Capitolo 2. Pranzo e cena

A mezzogiorno Armando va al ristorante. Il "suo" ristorante si chiama Il paese del sole.

Menù:	**Ristorante Il paese del sole**
Antipasti	
Affettati misti (prosciutti vari e salame)	
Caprese (mozzarella e pomodori)	
Primi piatti	
Minestrone contadino	
Spaghetti al pomodoro fresco	
Lasagne della casa	
Secondi piatti	
Trota allo scoglio	
Roast beef delicato	
Contorni	
Patate al cartoccio	
Spinaci al burro	
Insalate miste	
Dessert	
Gelato con fragole	
Crostata alle noci	

Armando è stato in tutti i ristoranti della sua città: da quelli molto costosi a quelli più modesti. E' stato in ristoranti cinesi, giapponesi, indiani, greci,

11

ha provato ogni genere di cucina. Quando un nuovo ristorante apre, lui è il primo a saperlo e a "provarlo".

E recentemente ha scoperto questo ristorante vicino all'università. E' piccolo ma, secondo Armando, serve cibo eccellente.

Lo ha anche detto a Lorena:

"I piatti sono semplici, ma ben cucinati e gli ingredienti di prima qualità."

Si siede al tavolo tutto solo. In realtà è sempre solo a mangiare a mezzogiorno in questo tipo di ristoranti. Perché nessuno dei suoi colleghi ha voglia di spendere venti euro per un pranzo a mezzogiorno. La maggior parte mangia un panino a un bar, alcuni un piatto di pasta, molte donne un'insalata.

Ma lui no, lui vuole un pasto^{meal} vero! E venti euro sono ben poca cosa per quelle "delizie".

Il cameriere che lo conosce gli porta il menù.

"Il signore vuole cominciare con l'antipasto?" chiede.

"No, oggi no. Grazie."

"Gli affettati qui non sono niente di eccezionale" pensa. "Li ho già provati… E la caprese non mi è mai piaciuta. Lo trovo un piatto noioso, banale… Anche se la mozzarella è buona e i pomodori sono freschi. Forse perché l'ho mangiata tante volte…"

"No, passo direttamente al primo" dice al cameriere. "Vorrei un minestrone contadino."

"Bene, signore."

"Non ha aglio[garlic], spero."

L'aglio gli piace, ma trova che se ne metta sempre troppo nelle pietanze[dishes]!

"No, signore" risponde il cameriere. "In questo minestrone non c'è aglio."

Il cameriere lo conosce, lo tratta però sempre in modo molto formale. Quell'uomo elegante è sempre gentile, ma freddo e staccato.

"Poi signore?" gli chiede.

"Poi… la trota con contorno di spinaci al burro. Gli spinaci non sono surgelati[deep-frozen], spero."

"No, sono freschi signore. Desidera anche il dessert?"

"No, grazie."

"Da bere?"

"Acqua minerale naturale Viv, quella che ho bevuto l'ultima volta."

"Bene, signore. Arriva subito" dice il cameriere.

Armando sorseggia^{sips} la sua acqua mentre si guarda intorno.

"Il ristorante è carino, e si mangia molto bene. Ma non verrò qui con lei. Per lei ho in mente qualcosa d'altro. Un ristorante diverso, un ristorante speciale…"

Il cameriere è arrivato con il primo piatto. E Armando non pensa più a Lorena. Adesso tutti i suoi pensieri sono per il minestrone. Con verdure di prima scelta, saporito^{tasty} ma non troppo, assolutamente delizioso.

Armando abita in Toscana. Questi sono i piatti tipici toscani:

Antipasti

La fettunta (pane abbrustolito con aglio e olio di oliva)

Il crostone (pane abbrustolito con pomodoro, fagioli e olio di oliva)

Primi piatti

Le zuppe sono tipiche toscane, come pappa al pomodoro o ribollita

Secondi piatti

La bistecca alla fiorentina (per gli appassionati di carne rossa, cotta su un fuoco aperto)

Se non vi piace la carne rossa: la rosticciana (costiccine di maiale insaporite con spezie)

Per gli amanti del pesce: il cacciucco.

Dolci

Il zuccotto (gelato e pan di spagna)

Biscotti: Cantucci di Prato alle mandorle

Un uomo sicuro di sé, disinvolto[easy going] e tranquillo con tutti, il professor Armando con le donne è spesso timido. Nella sua vita ha dedicato tanto tempo allo studio e alle cose belle. Ha una collezione di piatti di porcellana, dei dipinti di pittori del '600 bergamasco[di Bergamo, città della Lomardia], allievi di Caravaggio e... innumerevoli libri di cucina.

Sa tutto della buona cucina, ma poco delle donne. E' uscito con diverse donne, ma sono state storie brevi^{short} di poca importanza. E' un uomo difficile Armando! Per lui nessuna va bene: una è troppo brutta, l'altra troppo ignorante, la terza troppo volgare.

Lorena è la prima da tanto tempo con tutte le qualità che lui cerca.

Questa sera vuole invitare a cena Lorena. Ed è così imbarazzato!

Lo aspetta fuori dall'università alla fine delle lezioni.

"Tutto bene?" le chiede.

"Sì, benissimo, grazie" risponde lei.

E' la risposta tipica di Lorena. Lei è una donna allegra^{cheerful}, positiva, che sembra (e forse è) sempre felice.

"Mmmmh" dice lui.

"Cosa?"

"Niente... Vado a casa" dice Armando che però non si muove.

"Mi vuoi chiedere qualcosa?" domanda lei.

"Sì, veramente… io…"

"Forse finalmente mi invita a cena" pensa lei. "Speriamo…" A Lorena Armando piace molto. Lo trova bello e intelligente, colto e interessante. Lei ha avuto diverse relazioni prima, ma non si è mai sentita di sposarsi. Adesso, a trentaquattro anni, si sente pronta.

"Dimmi allora!" dice Lorena.

"Io… vorrei sapere… se sei libera."

Armando sospira. E' un sospiro di sollievo[relief], che sta a significare:

"Finalmente l'ho detto!"

"Quando?" domanda lei.

"Sabato sera" risponde Armando.

"Sì, sono libera."

"Bene, molto bene…" esita ancora. "Allora, vorresti venire a cena con me?"

"Sì" risponde lei "molto volentieri."

"Andiamo al "Candeloro"" propone lui. "Lo conosci?"

17

"No, ma sono sicura che è perfetto. Tu sei un esperto di ristoranti, no?"

Al "Candeloro" c'è una bella atmosfera: candele colorate sui tavoli, musica che viene da un pianoforte al centro della grande sala, tanti camerieri, gentili e discreti. Armando è stato qui diverse volte. Per Lorena invece è la prima.

"Che bel posto!" esclama.

"Sì, il posto è bello e assolutamente fantastico!"

Si siedono a un tavolo in un angolo. Il cameriere porta il menu.

Lorena legge.

"Ci sono tanti nomi di piatti che non ho mai sentito!" dice.

"Sì, qui sono molto creativi."

"Devi aiutarmi."

"Se vuoi, ti dico in che cosa consiste ogni piatto" propone lui.

"No, vorrei qualcosa d'altro. Scegli per me, Armando!"

"Scegliere per te?" Armando è scandalizzato. Lorena non vuole scegliere ciò che mangerà? E' quello che lei stessa dice:

"Sì, non m'importa di ciò che mangio. Mi importa essere qui."

Armando fa un sorriso a fatica^hardly. Dovrebbe essere contento: lei gli ha appena fatto capire di essere felice perché è insieme a lui. Invece è seccato^bothered.

Armando ordina l'antipasto. E' l'antipasto della casa. Arriva servito su due grandi piatti: è a base di pesce, gamberetti, piccoli assaggi^small quantities di formaggi, e pezzetti di pane speciale.

"Mmmh, è buonissimo…" dice Lorena. Ma mangia soltanto una parte della sua porzione.

"Perché non mangi? Non ti piace?" chiede lui allarmato.

"No, il fatto è che non posso mangiare tanto. Sto seguendo una dieta."

"Sei già magra!"

"Sì, ma voglio anche restarlo. Noi donne possiamo mangiare meno degli uomini. Pesiamo^we weigh meno di voi, consumiamo meno calorie… "

Armando scuote la testa.

19

"Non ci credi? Guarda che è scientificamente provato" insiste Lorena.

"No, ti credo, certo che ti credo. Però per me mangiare bene è… " Sta per parlare ancora dell'importanza del cibo per lui. Ma capisce che è inutile ^{useless}. Perciò non completa la frase. Invece dice:

"Dai, lascia perdere! Non è importante."

Subito dopo Lorena racconta di un libro che ha appena letto. Con belle parole perché Lorena parla molto bene. Quando parla di libri e viaggi, incanta. Incanta anche Armando, che la ascolta e dimentica il suo difetto.

"Non le interessa la cucina" si dice. "Però abbiamo le stesse grandi passioni: i libri, i viaggi, la cultura. E' questo è molto importante. Mi posso accontentare."

E' più di un mese che Armando e Lorena escono insieme. Cinema, teatro, mostre e poi la tappa fissa al ristorante.

Ormai Armando si è convinto: Lorena è la donna per lui.

E Lorena? Lorena è sempre stata attratta da quell'uomo timido e affascinante, e adesso, a poco a poco, si sta innamorando.

Al "Candeloro" questa è una sera particolare: tutti conosceranno lo straordinario chef del ristorante. Fino a questo momento non si è mai fatto vedere da nessuno.

"Non vedo l'ora di stringergli la mano^{shake hands with him}" dice Armando.

"Sembri emozionato^{excited}" ride Lorena.

"E lo sono! Non capita tutti i giorni di conoscere un genio!"

"Un genio?" chiede lei stupita.

"Sì, un genio. Non ci sono soltanto geni nel campo della cultura o della scienza, ma anche in altri. Nella cucina, per esempio."

Lorena non è d'accordo con Armando ma non dice niente. Non vuole contraddirlo e cambia discorso.

Alle dieci in punto quando quasi tutti hanno finito la cena, appare nella sala lo chef.

Sorrisi, complimenti, applausi. Anche Armando e Lorena si alzano per applaudire e per vedere il formidabile^{extraordinary} chef.

Appare una figura piccola e smilza^{thin} con il classico cappello bianco da cuoco. Lo toglie quando si presenta e lo tiene in mano.

Armando rimane a bocca aperta. Perché lo chef è… una donna!

Piccola, con i capelli neri corti, un viso^face comune, un viso come quello di tanti.

Armando si avvicina a lei e le stringe la mano.

"Signora" le dice. "Lei è una vera artista della cucina!"

Lei sorride. Scopre una fila di dentini bianchi che la fanno assomigliare un po' a una bambina.
"Grazie" risponde. "Grazie."

Rimangono qualche secondo così, uno davanti all'altra, gli occhi fissi^staring in quelli dell'altro.

Poi altri si avvicinano. Altri che vogliono conoscerla, e Armando torna al tavolo.

"Allora… sei soddisfatto?" chiede Lorena.

"Sì, molto" dice lui.

"Sei sorpreso?"

"Di che cosa?"

"E' una donna!"

"No, non sorpreso. Molte donne adesso sono chef. Credo di essere contento."

"E perché?"

"Non lo so."

"E' vero. Armando non sa perché è contento, ma è così."

Qualcosa gli dice che quell'incontro sarà un momento importante nella sua vita.

Capitolo 3: Il fine settimana

Due giorni dopo Armando e Lorena passano il fine settimana insieme per la prima volta. Sono andati nella casa di campagna di lui, la casa della nonna, molto antica e molto bella. Armando, che ama il buon cibo e le belle cose, l'ha fatta restaurare l'anno scorso. Adesso gli piace stare lì con Lorena.

Lui e Lorena vanno d'amore e d'accordo[in perfect harmony]. Soltanto il sabato sera hanno una piccola discussione. A proposito della… cena!

Dopo una passeggiata nel pomeriggio Lorena si veste con un bell'abito rosso sexy.

"Dove mi porti a mangiare, amore?" chiede ad Armando.

"Vuoi mangiare fuori?" domanda lui sorpreso.

"Perché? Tu non vuoi? Vuoi stare in casa?"

Il problema è che qui intorno non c'è nessun ristorante veramente buono, soltanto pizzerie e questi nuovi localacci tipo fast-food.

"E allora? Per me va bene anche una pizza" fa lei.

"Per me no invece!" risponde lui. "In macchina ho gli ingredienti per preparare una bella cena a casa: pasta fatta in casa pasta dal mio panettiere, un branzino[(sea) bass], verdure fresche …

Lorena vede che Armando è infervorato[enthusiastic]. Aveva dimenticato che per lui il cibo è così importante. Per lei una pizza è ok, ma lui ogni volta vuole la cena perfetta!

"Speriamo che non sia così quando viviamo insieme" si dice.

Lui comincia a preparare la cena. Lorena si offre di aiutarlo. Ma in realtà non ha voglia. Odia cucinare.

"Mi vuoi aiutare veramente?" chiede lui

"Sì" mente[she lies] lei.

Le fa tagliare le verdure, poi le mostra come preparare il soffritto[sauté] per la pasta, lei fa quello che lui dice. Quasi un'ora dopo si siedono a mangiare.

Lorena ha dimenticato di togliere il vestito rosso. Adesso sente che odora[smells] di cibo.

"Vado a cambiarmi" dice.

"No, non adesso. La cena è pronta."

"Ok" fa lei. E resta con lui che gusta boccone dopo boccone^every bit come se fosse cibo degli dei.

Alla fine della cena si siedono davanti al caminetto^chimney con un bicchiere di vino. Lui l'abbraccia, si baciano e fanno l'amore.

Il week-end si conclude felicemente, ma tutt'e due capiscono che qualcosa si frappone^comes between tra loro due tra loro e una felice vita insieme: il cibo.

Mentre vanno a casa in macchina Lorena riflette.

"Questa mania del cibo può essere un problema. Ma per tutto il resto Armando mi piace così tanto…" si dice.

Anche lui riflette su di loro.

"Non le piace tanto mangiare, ma cosa pretendo? Non può avere tutte le qualità che io voglio. Nessuno è perfetto!"

Martedì sera. Lorena non esce questa sera. Deve lavorare, sta preparando una serie di conferenze. Le terrà in diverse città nel corso di un mese.

Armando va a trovarla. Stanno insieme. Si baciano, si salutano.

"Non dimenticarmi" dice lei.

"No, non ti preoccupare! Sai che vita faccio… Frequento poca gene, esco solo per andare al ristorante…" risponde lui.

Armando non ha avuto il tempo di fare la spesa, decide perciò di andare a mangiare nel suo ristorante.

Tra i piatti del giorno ce n'è uno che non ha mai assaggiato: le lasagne al radicchio^{chicory}!

Ordina le lasagne.

"Che buone" pensa "no, più che buone… sono perfette!"

Chiama il cameriere.

"Posso avere un assaggino soltanto di queste pappardelle al pesto indicate sul menu?" chiede.

"Un assaggino signore? Non so, forse non è possibile. In questo ristorante non si servono porzioni ridotte. Però chiedo allo chef."

Il cameriere va in cucina. Armando lo segue con gli occhi. Vede che lo chef, la piccola signora bruna che ha conosciuto, esce dalla cucina e lo guarda.

Dopo pochi minuti arriva il cameriere con un grande piatto. Su di esso ci sono le pappardelle al pesto da una parte, dall'altra dei ravioli ripieni, su un altro angolo gli gnocchi con il sugo di pomodoro.

"E' un omaggio dello chef" gli dice sorridendo.

"Grazie" replica Armando.

Armando mangia e gusta lentamente gli "assaggini" di pasta che il cameriere gli ha portato. Sono veramente squisiti.

Finisce il pasto con un caffè.

Sta pagando quando vede arrivare lo chef. Lo riconosce subito anche se è vestito in modo normale. Si ferma accanto al suo tavolo. Armando si alza.

"Che onore!" esclama.

"Ma no, che sciocchezza^{What a nonsense!}" esclama la donna con un sorriso spontaneo.

"La sua cucina è divina" dice Armando.

La donna sorride di nuovo, questa volta in modo imbarazzato.

"Ma no…" ripete. "Io non sono…"

"Lei è uno chef di grande valore e presto diventerà famosa" dice lui.

"Lei è troppo gentile" fa lei sempre più imbarazzata.

Armando è un timido, ma con questa donna si sente a suo agio[at his ease]. Le chiede se vuole bere qualcosa con lui. E lei risponde subito:

"Sì volentieri." Ma aggiunge:

"Però non qui."

"Giusto" fa lui. "Non nel locale dove lavora..."

Escono insieme e vanno in un bar che Armando conosce bene, dove servono del vino di qualità.

Lei beve un bicchiere di vino bianco, un ottimo chardonnay, che ha scelto lui.

"E' veramente buono" dice lei.

"Sì, qui c'è solo vino buono" replica Armando.

"A lei piace bere e mangiare bene, vero?"

Lui non risponde subito alla domanda. Le chiede invece:

"Possiamo darci del tu?"to be on first-name terms

"Certo" fa lei.

"E comunque non mi piace mangiare bene" dice Armando. "O almeno bene non è la parola giusta. Io cerco sempre il meglio, sia nel cibo che nella bevande."

Lei ride. Ha una risata allegra e spontanea come allegra e spontanea è lei.

Chiede se nel locale servono anche qualcosa da mangiare.

"Hai fame?" domanda lui sorpreso. "Ah certo, ma che stupido! Tu non hai mangiato…"

"Sì, ho un po' di fame anche se quando cucino, spilucco I pick at the food qua e là."

"Ti piacciono i dolci?"

"Certo. Vado matta per i dolci. In realtà io vado matta per tante cose!"

"Ti porto in una pasticceria qui vicino, fanno dei dolci squisiti" propone Armando.

Dopo la pasticceria la riaccompagna a casa.

"Buona notte Maria" dice. "Ho passato una bella serata. Spero di rivederti"

"Anch'io sono stata bene. Vieni nel mio ristorante e ci vedremo" dice lei. Gli sfiora^{touches} la mano con la sua e gli sorride ancora una volta.

Armando torna nel ristorante di Maria, torna il giorno dopo e tante volte nel corso del mese.

Aspetta che lei finisca il lavoro, poi insieme vanno in locali sempre diversi.

Il giovedì Maria non lavora. Armando la invita a mangiare con lei in un ristorante fuori città.

Mentre mangiano, Maria, per la prima volta, gli fa delle domande riguardo alla sua vita privata.

"Dov'è la tua fidanzata?" gli chiede.

"La mia fidanzata?" fa lui imbarazzato.

"Sì, quella signora bella ed elegante. Ti ho visto con lei al ristorante."

"Intendi Lorena. Sì… non è in città. E' in giro^{she's travelling} per l'Italia, cioè sta tenendo una serie di conferenze a Roma" spiega lui.

"E' la tua fidanzata?" insiste lei.

"Non lo so" risponde lui.

"Non lo sai?" fa lei incredula.

"No, perché fidanzata vuol dire che ci sposeremo, e io non so se ci sposeremo.

Non ne abbiamo mai parlato."

"Ma lo avete pensato!"

"Sì, l'ho pensato" dice lui sinceramente. Armando è sempre più imbarazzato. Giocherella con il tovagliolo[napkin].

"Io non sono fidanzata" dice.

Armando fa un risolino nervoso.

"Bene" dice.

Poi pensa:

"Adesso mi dice qualcosa tipo che non mi vuole più vedere oppure se ne va arrabbiata."

Ma non succede nessuna di queste cose.

Maria non parla, continua a fissarlo e a sorridere.

Dopo aver pagato Armando l'accompagna a casa.

"Quando torna la tua... cioè ... Lorena?" domanda lei.

"Domani" risponde Armando.

"Quindi domani è il nostro ultimo giorno?" domanda lei.

Lui non risponde.

Lei si avvicina a lui e lo accarezza con tenerezza[tenderness]. Sporge[stretches out] il viso verso il suo perché Armando è molto più alto di lei. Gli sfiora le labbra con le sue.
"Non dimenticarti di me" gli sussurra.

"Impossibile" sussurra lui a sua volta.

Capitolo 4: Lorena/Maria, Maria/Lorena

Si addormenta tardi e si sveglia tardi. La mattina dopo esce di corsa per andare all'università.

Vede Lorena soltanto un paio di minuti nel corridoio nell'università. Lei sta andando a lezione, lui anche. Giusto il tempo per prendere un appuntamento per la sera.

"Dove andiamo?" chiede Lorena. "Al solito ristorante?"

"No! No!" esclama Armando. "Non in quello, ti porto in uno nuovo."

"Sempre ricco di novità" fa lei.

"Sì, e forse novità anche che non ti piacciono" pensa Armando.

Di sera a cena Lorena gli racconta della sua conferenza a Roma. Gli parla della metafisica dei personaggi di un romanzo, poi dello stile di uno scrittore italiano del Trecento^fourteenth century…

Lui però è distratto.

"Non ti interessa, Armando?" chiede lei. "Ti sto forse annoiando?"

"No, scusa" risponde lui. "Mi sento un po' strano oggi."

"Non hai neppure finito la tua pasta!" esclama Lorena. "E' la prima volta che ti vedo lasciare del cibo nel piatto."

Lui tocca la carne con la forchetta. Pensieroso.

"Non è buono?" domanda lei.

"Non è eccezionale" risponde Armando.

"A me piace."

"Per te il cibo non è così importante... Io vorrei che tutto quello che mangio fosse eccezionale."

"Capisco. Io ti parlo di letteratura, e tu pensi ad arrosti e paste..."

"Non è così."

"A me sembra di sì." Lorena si alza.

"Vorrei andare a casa" dice.

Lui non si oppone. Anche lui vuole andare a casa. Ha bisogno di tempo da solo per pensare. La accompagna a casa.

Lorena è delusa.

"Non ci siamo visti tutta la settimana e io pensavo, credevo... "
Armando non parla, non dice niente.

A casa pensa a Lorena e a Maria. Chi scegliere?

Armando non sa niente dell'amore e non sa cosa fare.

"Ma il mio amico Giorgio sì" si dice. "Lui sa dell'amore, lui ha avuto tante
donne, tante storie, è stato sposato due volte. Lui mi può dare dei
consigli^advice!"

Il giorno dopo non vede né Lorena né Maria. Vede Giorgio invece. Va a
casa sua.

"Allora, Armando, finalmente anche tu hai le tue storie..." gli dice.
"Racconta!"

Armando gli racconta. Gli racconta di Lorena, e di Maria. E Giorgio gli
chiede:

"Tu stai meglio con Lorena o con Maria?"

"Sto bene con... tutt'e due" risponde Armando.

"Sei innamorato di Lorena o di Maria?"

"Non lo so. Non so se sono innamorato. Non lo capisco."

"Sei un disastro!"

"So solo che Lorena è una donna affascinante, intelligente, bella, elegante. Maria è una donna carina, ma modesta…"

"Allora sposa Lorena!" fa Giorigio.

"Ah, sono così confuso…"

"Ti faccio un'altra domanda. Pensa alla tua vita futura. Visualizza te sposato, vivi insieme a lei. Immagina la tua routine quotidiana. La mattina vi alzate insieme, fate colazione … Hai visualizzato?"

"Sì" risponde Armando che immagina se stesso con Lorena. Lei, bella e sexy, gli fa vedere dei libri, e davanti a loro piatti di pasta scotta e scondita^{unseasoned}.

Poi immagina se stesso con Maria: lei vestita cuoca che lo serve a tavola di manicaretti^{delicacies} di ogni genere mentre dalla cucina provengono deliziosi profumini…

"Allora" insiste l'amico. "Con chi ti immagini felice? Con Lorena o con Maria?"

"Non lo so, accidenti, non lo so" esclama Armando. Esce da casa di Giorgio più confuso di prima.

Maria o Lorena, Lorena o Maria?

L'indomani nel pomeriggio Armando riceve una telefonata da Maria.

"Domani è giovedì" dice. "Perché non vieni a casa mia a cena? Voglio cucinare per te."

Armando deve andare a una festa con Lorena, ma comincia tardi: alle dieci.

"Va bene" dice. "Con piacere."

Tutto il giorno pensa a Maria e a quali piatti squisiti cucinerà per lui…

"Uno chef tutto per me, che bello!" pensa.

Arriva a casa di Maria con un grande mazzo di fiori.

Lei va ad aprirgli. Ha il grembiule[apron] e il cappellino bianco in testa.

"Dieci minuti ed pronto" dice. "Intanto siediti nel salotto!"

L'appartamento di Maria è piccolo e semplice, come lei. Ci sono la cucina, un piccolo salotto, una camera da letto e un bagno.

La tavola è apparecchiata. Armando guarda le etichette^{labels} delle bottiglie di vino: è un Barolo. Sorride, è il suo vino preferito!

Maria arriva. Ha tolto il cappellino bianco e il grembiule. Il vestito nero aderente mette in evidenza il suo corpo sottile, quasi da bambina.

"E' magra ma carina" pensa Armando.

La cena comincia: un antipasto a base di cappesante e mousse di tonno al rosmarino, un primo di sformatini di riso nero alla menta, per secondo un pesce rombo con una salsa particolare e un contorno di verdure miste…

La cena di Maria
Cappesante e mousse di tonno al rosmarino
Sformatini di riso nero alla menta
Pesce rombo
Contorno di verdure miste

Armando gusta tutto. Boccone dopo boccone.

"Ti è piaciuto?" domanda lei.

"E me lo chiedi?" Fa lui. "Guardami! Sono in paradiso... Ho portato un tiramisù che ho fatto io. Ma non è degno^worthy di seguire questo pasto da re."

Maria ride.

Si siedono sul divano del piccolo salotto.

Armando l'abbraccia. Maria avvicina il viso al suo. Si baciano. Si baciano ancora.

Maria si alza di scatto^(she springs up).

"No, non è giusto" dice. "C'è Lorena!"

"Lorena, cosa c'entra lei?^(what does she have to do with this)"

"C'entra, c'entra!" risponde Maria. "E' lei la tua fidanzata."
"Ti ho detto che non è la mia fidanzata."

"Però in questi giorni sei uscito con lei. Non è vero forse?"

"Sì, è vero" risponde lui.

"Allora devi decidere, o lei o me. Queste situazioni non mi piacciono!"

Armando non parla. Non sa cosa dire.

"Allora cosa farai?" insiste Maria.

"Già, cosa farò?" si chiede Armando e risponde con sincerità:

"Non lo so."

Adesso Maria è arrabbiata.

"Vai via!" Gli dice. "Non ti voglio più vedere. Telefonami quando hai deciso cosa fare."

Armando esce. Sa che Maria ha ragione: deve decidere.

Va alla festa con Lorena. Ci sono diverse delle loro colleghe dell'università e tante amiche e amici di Lorena. Tutte persone raffinate, che parlano di letteratura e politica, di viaggi e di cultura.

Viene servita una cena fredda a base di antipasti di pesce e di salumi.

Naturalmente Armando ne assaggia un paio.

"Non sono male" dice a Lorena. Ma lei non ne prende neppure uno.

"Non mangi niente Lorena?" chiede lui.

Lei sbuffa^{she puffs} gli risponde:

"Ah, che barba^{what a bore}! Armando… con questo cibo! Non c'è soltanto il mangiare nella vita!"

E la sua amica Barbara, una ex modella magrissima, ride.

"Anche il mio ex marito mangiava come un bufalo^{buffalo}!" esclama. "Ed è morto di infarto^{heart attack}."

"Che battuta di cattivo gusto^{What a bad joke}!" pensa Armando.

Lorena invece ride e aggiunge:

"Ah non ti preoccupare. Io non lo farò mangiare tanto il povero Armando quando vivremo insieme."

Anche la modella ride. Invece Armando non ride.

Il suo pensiero corre a Maria.

Pensa a lei, al suo piccolo appartamento, alla sua cena, alla sua dolcezza.

Pensa alla sua vita con lei in futuro e sorride.

Verso le una accompagna Lorena a casa. Gli chiede se vuole salire da lei.

"No, sono molto stanco" dice lui. Torna a casa.

Cammina per le strade deserte della città.

Pensa a Maria, non riesce a smettere di pensare a lei. Ed è felice perché finalmente ha deciso: sposerà la piccola cuoca che cucina divinamente e che lo fa sentire in paradiso.

Ricette nel Sangue

Capitolo 1: Via dalla pazza folla,
Far from the madding crowd

E' il primo giorno di saldi^{January sales}, la città è un caos. Le strade piene di gente, i negozi pieni di gente, i mezzi^{public transportation} pieni di gente... Tutti in giro a comprare. Comprare comprare comprare!

E poi dicono che c'è la crisi. E io... io ho pensato: "Va' via, Alessandro. Via dalla pazza folla, Far from the madding crowd!" come il titolo di un famoso romanzo inglese di non so più chi.

L'ho detto a mia mamma. E lei.

"Come?" ha gridato. "Non vieni al pranzo della nonna alla Befana?^{Epiphany}

Lo sai che è una tradizione di famiglia! Sai che la nonna ha il compleanno il giorno della Befana. Quest'anno compie novantasei anni."

"Sì, lo so. Ma mamma... è la nonna che non si ricorda che è il suo compleanno! La nonna non si ricorda niente..."

"Ah, che sfacciato^{cheecky} che sei, Alessandro! Comunque devi venire!"

E io:

"Mamma, ho una vacanza gratis, me l'ha regalata la banca." (Io lavoro all'ufficio legale di una banca.)

Gratis^{free} è una parola magica per mia mamma!

"Gratis" ha ripetuto "totalmente gratis?"

"Sì, mamma" faccio io. "Capisci che non posso dire no."

"Beh, se è gratis, devi andare" dice lei. "Magari facciamo un altro pranzo più avanti."

E così, finalmente, parto. Parto con Stefano, mio amico di sempre. Io e lui soli.

No, non sono gay, se è quello che state pensando. Semplicemente non ho molta fortuna con le donne. A me piacciono da morire ma io non piaccio a loro.

Non perché sono brutto! Sono alto e magro più magro di un uomo normale perché corro tanto, mi alleno per correre maratone. Ho i capelli scuri molto folti[thick], gli occhi verdi e un naso normale. Mia mamma dice che sono bellissimo - ma si sa che quello che dicono le mamme non conta - qualche ragazza al liceo[high school] ha detto che sono carino.

No, il problema non è l'aspetto! Il problema è che con le donne non so mai di cosa parlare. A me interessano la tecnica, la scienza, lo sport. Ne parlo spesso, forse ne parlo troppo. Le donne si stancano subito, e io … io... vado in vacanza con Stefano.

Da Milano a Bolzano in macchina impieghiamo meno di tre ore. Da lì verso il confine un'altra oretta.

In montagna nevica, nevica e nevica. Non smette un attimo. E la nostra macchina va piano piano. Dobbiamo andare a Ortisei in un bell' hotel quattro stelle. Ma nevica troppo, non riusciamo a proseguire e per di più sta venendo buio.

Ortisei è una bellissima località della Val Gardena nella regione Trentino Alto Adige. Vi si parlano tre lingue: tedesco, italiano e il ladino.

"E' troppo pericoloso continuare" dice Stefano. "Dobbiamo trovare un posto dove dormire questa notte."

"Sì, è una buona idea" faccio io.

Sulla strada però non vediamo nessuna indicazione. Lenti lenti con la nostra macchinetta andiamo avanti, chilometro dopo chilometro. Ed ecco che a un certo punto vedo un cartello. Vi è indicato: Pensione Alba[dawn] alpina.

"Un bel nome" commenta il mio amico.

Seguiamo le indicazioni del cartello. Ci porta su su, sempre più su.

"Ma dove cavolo l'hanno messo quest'albergo?" borbotta Gianni. "Sul tetto del mondo?"

Mi viene in mente una canzone che fa: "Questo è l'ombelico[navel] del mondo." Deve essere di Jovanotti.

Musica in Italia

Conoscete cantanti e musiche italiani di oggi?

L'Italia è stato ed è un paese di grandi musicisti. Grandi nomi del passato sono per esempio: Antonio Vivaldi, Gioacchino Rossini, Giacomo Puccini e Giuseppe Verdi.

Sono compositori di musica e soprattutto di opere!

E oggi? Ci sono:

- cantautori come Fabrizio de André e Francesco Guccini
- artisti come: Vasco Rossi e Jovanotti
- cantanti di musica pop come Eros Ramazzotti e Laura Pausini.

E la canticchio: Questo è l'ombelico del mondo... l'ombelico del mondo...

Finalmente ci arriviamo: all'ombelico del mondo. Così in alto che quando scendiamo dalla macchina entriamo dentro una nuvola.

Davanti alla pensione sono parcheggiate altre due macchine.

"Forse ci sono degli ospiti!" esclama Alessandro.

Entriamo. La hall è molto piccola, in un angolo c'è il banco della reception. Non c'è nessuno. Però c'è un campanello^{the bell}. Suono il

49

campanello una volta, ma non viene nessuno. Suono una seconda volta e ancora non viene nessuno. Sto per suonare una terza volta quando un uomo appare. E' un uomo piccolo, così piccolo che sembra un bambino.

Io e Stefano ci guardiamo: "Ma cos'è questo? L'albergo dei nani^dwarfs?" ci chiediamo.

"Buongiorno signori" ci dice. "Sono il concierge. Volete una camera?"

"Sì, una doppia, grazie" risponde Stefano.

"Con due letti se è possibile" aggiungo io.

"Mi dispiace" dice lui. "Abbiamo camere doppie solo con letti a due piazze^double bed."

"Va be', non importa" fa Stefano.

L'ometto ci dà le chiavi.

"Terza stanza al primo piano" dice. "Scusate se non vi accompagno. Devo restare qui per gli altri clienti. Sono solo."

Io e Stefano usciamo a prendere le nostre borse dalla macchina. Adesso sta nevicando più forte che mai. Sembra una bufera^storm. Quando rientriamo ci sono due persone nella hall: un uomo e una donna.

Lui è un signore sui quarant'anni, alto, magro, capelli scuri, occhi scuri. Lei è più giovane. Deve avere circa venti cinque anni. E' bella, bionda, gambe lunghe, il mio tipo!

Lei sta telefonando, lui sta parlando con l'omino concierge.

"Ha visto le previsioni del tempo^{weather forecast}?" gli chiede.

"Sì" risponde l'omino. "Nevicherà tutto il giorno e tutta la notte."

"Accidenti!" fa lui. "Siamo bloccati in questo posto… Si può anche mangiare qui?" chiede ancora.

L'omino indica una stanza vicino alla hall.

"Il ristorante c'è, ma non c'è il cuoco! Abita giù a valle. Oggi non viene."

Io e Stefano siamo nella hall, le valigie ai nostri piedi.

"Anche voi siete ospiti dell'albergo?" chiede l'uomo.

"Sì" diciamo noi.

"Restate qui questa notte?" domanda lui ancora.

"Certo… "risponde Stefano. "Fuori c'è la bufera!"

"E per mangiare? Avete sentito cosa ha detto il concierge?"

L'omino interviene.

"Possiamo organizzarci" dice. "Abbiamo tanto cibo[food] perché il cuoco è andato ieri a fare la spesa. Qualcuno potrebbe cucinare."

La donna ha finito di parlare al telefono e interviene nella conversazione.

"Lui è Paolo Bonomi" dice indicando il suo uomo. "E' proprietario[owner] di un ristorante e ha fatto lo chef per anni."

"Sì, potrei cucinare io" fa il signor Bonomi.

"E se ha bisogno di una mano" si propone Stefano. "Io so cucinare... A casa cucino sempre."

Io non dico niente. Non so cucinare quasi niente: so fare bollire una pasta e metterci il sugo[tomato sauce] già pronto o farmi una frittata[omelette], niente di più.

I condimenti per la pasta: Sugo di pomodoro

Ci sono diversi modi per preparare il gusto di pomodoro.
Questa è una delle ricette migliori.

Ingredienti
• scatole di polpa di pomodoro (oppure 1/ 2 kg di pomodori freschi)
• 6 cucchiai di olio di oliva
• 1 cipolla tritata finemente
• basilico
• 1 cucchiaio di zucchero

- sale
- pepe

La ricetta

Scaldate in una padella, a fuoco moderato, l'olio. Aggiungete la cipolla, quando avrà preso un colore dorato il pomodoro. Fate cuocere, piano piano, girando ogni tanto con un cucchiaio di legno. Aggiungete il sale, il pepe e lo zucchero. Cuocete per venti minuti, poi aggiungete qualche foglia di basilico. Dopo 5 minuti versate questo buon sugo sulla pasta che avrete cotto bene al dente.

"Ci sono altri due clienti nell'albergo" dice l'omino. "Dico loro che alle otto si mangia!"

L'ex chef guarda l'orologio.

"Sono le sei e mezzo" dice. "Alle sette mi metto al lavoro."

E Stefano:

"Alle sette scendo."

E io tra di me:" Alle sette scendo anch'io a fare compagnia alla bella."

Saliamo in camera. E' piccola (beh, cosa vi aspettavate nell'albergo dei nani!?) ma carina con una grande finestra. Da qui io e Stefano guardiamo il panorama. Che è bellissimo! Rimaniamo a bocca aperta davanti alle montagne tutte imbiancate di neve.

"Speriamo che domani possiamo partire" dice Stefano.

"Se continua a nevicare così, credo di no" commento io. "Ci deve essere giù mezzo metro di neve…"

Capitolo 2: In cucina

Faccio la doccia, mi vesto con il mio vestito migliore (sto ancora pensando alla bella bionda!) e scendo in cucina. La cucina è piccola, naturalmente, e piena di gente. Ci sono l'ex chef Paolo, il mio amico Stefano, la bionda, e due altri tizi^{fellows}: uno è alto e magro, l'altro è più piccolo con i capelli grigi.

Appena ci vedono si presentano.

"Io sono Giorgio" fa l'uomo alto e magro.

"Io sono Roberto" dice l'altro.

Ci presentiamo anche io e Stefano.

"E io sono Paolo Bonomi" dice infine il quarantenne ex chef. "Bene, adesso che ci siamo presentati, potreste uscire tutti dalla cucina? Qui c'è troppa gente!"

Usciamo tutti. In cucina sono restati soltanto Paolo e Giorgio, il tizio magro e alto.

"Perché non sei rimasto tu?" chiedo a Stefano. "Non dovevi aiutare il tipo a cucinare?"

"No, mi ha detto che non ha bisogno. Hai visto quel tipo magro?"

"Giorgio, giusto?"

"Sì, proprio lui. Quello è anche lui, è un ex chef. Pensa che dieci anni fa ha pubblicato un libro, un libro di ricette! E ha venduto duecentomila copie. Lo ha raccontato a Paolo che era tutto in brodo di giuggiole^(he was so thrilled). Dovevi sentirlo: 'Allora sei tu il famoso Giorgio Ferrini… Che onore conoscerti… eccetera eccetera."

"Dieci anni fa?" esclamo io. "Cavolo, ma da allora fino adesso cosa ha fatto?"

"Non si è capito, cioè non lo ha detto" risponde Stefano.

Lasciamo i due a cucinare. E noi ci sediamo nel salotto insieme alla bionda e il tizio con i capelli grigi. Lei si mette a parlare al telefono. Improvvisamente lo guarda arrabbiata, lo scuote^(she shakes) e lo mette nella borsetta.

"Si è spento di colpo^(suddenly)" dice.

"Deve essere a causa della neve" spiega l'uomo con i capelli grigi. "C'è un caos dappertutto." Poi aggiunge:

"Scusate, mi sono ricordato di una cosa." Va in cucina e parla con il suo amico. Torna con delle chiavi in mano.

"Abbiamo lasciato la macchina a cinque cento metri da qui perché non avevamo benzina" dice lui.

"Se vuole vengo con lei" faccio io. "Può avere bisogno di aiuto."

Lui mi ringrazia e usciamo insieme. Nevica e fa un freddo terribile.

"Perché sono così gentile?" mi chiedo io. "Perché devo sempre aiutare questo e quello? Adesso mi prendo un raffreddore e ben mi sta[it serves me right]!"

La macchina è vicino a un bosco.

"Forse è meglio muoverla" dico io.

Saliamo, lui cerca di avviare l'auto. L'auto fa spuk spuk ma non si muove.

L'uomo scende.

"Niente da fare" dice. "Ci penserò domani."

Ci sono due borse sul sedile posteriore. Lui ne prende una. Io prendo l'altra. Vedo che dal manico[handle] pende un cartellino. L'occhio mi cade sul cartellino, vedo scritto: deposito del carcere penitenziario[prison] di B.

Carcere? Non dico niente, ma mentre camminiamo penso: quest'uomo è un ex detenuto[ex convict]? Il carcere di B è vicino al luogo in cui ci troviamo. Forse è uscito oggi e… Però non sembra un criminale. E' un uomo normale, con la faccia normale!

"Che stupido sei!" mi dico. "Chi dice che i criminali hanno la faccia da criminali?"

Entriamo nella piccola hall del piccolo albergo. Dalla cucina provengono odorini[smells] deliziosi.

"Cinque minuti ed è pronto" dice Stefano che sta portando bicchieri e piatti nella stanza vicino alla cucina. Qui c'è un grande tavolo con otto sedie.

"Siamo in sette?" chiedo.

"Sì" risponde Stefano. "Noi due, Clara e Paolo, Roberto e Giorgio e … il concierge.

Io e Stefano apparecchiamo[lay] la tavola. Clara porta solo le bottiglie di acqua e di vino.

Ha un bel vestito corto che mette in evidenza le sue gambe lunghissime.

Io la guardo, forse un po' insistentemente. Infatti Paolo, il fidanzato, mi lancia un'occhiataccia[He looks daggers at me!] Beh, forse ha ragione. Non si guardano così le fidanzate degli altri… Ma ho un scusante: Clara è così bella!

Siamo tutti seduti al tavolo.

Giorgio, lo chef, porta un grande piatto in tavola. E' pieno di pietanze[dishes] diverse.

Ognuno si serve e naturalmente mi servo anch'io.

Mangio un vol au vent fantastico con un ripieno squisito (forse di funghi), un crostino coperto da un paté altrettanto delizioso, e una conchiglia con gamberetti buonissima.

"Ma è buonissimo!" esclama Roberto.

"Stavo per dire la stessa cosa" dico io.

"Sì, è vero" dice Paolo. "Giorgio è un cuoco fantastico. Pensa, Clara, che aveva quel ristorante famosissimo. Aveva un nome strano... qualcosa come 'Nuove novità', vero?"

"Sì, sembra un nome strano forse. Ma gli ho dato quel nome perché proponevo sempre cose nuove, piatti nuovi. "

"Inventati da te?" domanda Clara.

"Sì, proprio così" risponde Giorgio.

"Eh sì, lui è una specie di genio della cucina" dice Roberto. "Anche quando eravamo in..." Non finisce la frase.

Nessuno ci fa caso^{pays attention to it}, ma io penso:

"Forse stava per dire 'quando eravamo in carcere'. Poi ha pensato che è meglio non dirlo."

"Sì" dice il mio amico Stefano. "Complimenti, Giorgio. Sei davvero eccezionale. Non ho mai provato antipasti del genere!"

"Ha cucinato Paolo in realtà" fa notare Giorgio. "Io ho soprattutto messo le idee. Vero, Paolo?"

"Sì, certo è così" risponde Paolo.

Noto che i due sembrano amici.

"Forse perché entrambi sono chef" mi dico.

Clara si alza.

"Provo a telefonare" dice.

"Che ossessione questo telefono" penso io.

Comunque Clara si risiede subito e rimette il telefonino nella borsa. Perché il concierge le dice:

"Non funziona il telefono, non funzionano neanche i cellulari."

Giorgio si alza.

"Vado a prendere la pasta è in forno."

"Posso aiutarti?" mi offro io.

" Grazie sì" risponde lui.

Andiamo in cucina. Nel forno c'è una grande teglia^{baking tin} piena di lasagne.

"Ah le lasagne, il mio piatto preferito!" esclamo io.

"Queste sono speciali" dice lui.

"Ricette 'novità', giusto?" chiedo.

"Proprio così" risponde lui sorridendo.

Sembra simpatico quest'uomo. Sembra una persona semplice e buona. Chissà perché è finito dentro...

Toglie le lasagne dal forno.

"Ma lei inventa una ricetta, poi un'altra, un'altra ancora... Ma non ha paura di dimenticarle? Devo essere anche abbastanza complicate!"

"Non hai detto una cosa stupida, ragazzo mio" dice lui. "Proprio per questo mi sono comprato questa."

Mi mostra una chiavetta USB che ha appeso al collo con una cordina.

"Qui dentro ci sono tutte le mie ricette" spiega.

"Quindi inventi le ricette, cucini nel tuo ristorante e poi le riporti sulla chiavetta?"

"Sì, ma io non più un ristorante" dice lui. "Ne avevo uno tempo fa. Poi però... "esita. Forse non sa se dirmelo? "Cinque anni però ho avuto una causa per frode e sono... sono..."

Non finisce la frase. La completo io:

"Sei stato in carcere."

"Come lo sai?"

"Ho visto il cartellino del deposito del carcere B. sulla borsa di Roberto" rispondo io. "So che siete venuti insieme, quindi ho pensato…"

"Sì, sono uscito con Roberto. Lui però si è fatto quindici anni."

Adesso Giorgio taglia le lasagne in dieci porzioni uguali.

"Quindici anni, accidenti!" esclamo io. "Cosa ha fatto per beccarsi[to get] quindici anni?

"Ha ucciso un uomo" dice lui con voce grave. "E' stato un omicidio preterintenzionale[manslaughter]. Adesso però devo portare le lasagne in tavola. Bisogna mangiarle calde calde."

Giorgio porta le lasagne in tavola.

"Ecco le lasagne" dice. "Una porzione per uno."

Le persone si servono.

E' un coro di: "Mmh che buone! … Mmh sono deliziose!"

"Sono lasagne verdi agli spinaci?" chiede Stefano.

"Ci sei vicino. Ho usato le erbette con un pochino di aglio." ^{beet greens with a little of garlic}

"Hanno un sapore particolare" osserva Paolo.

"Sono buonissime!" esclama il concierge entusiasta. "Ancora più buone di quelle di mia mamma. E mia mamma le fa buonissime!"

Sono avanzate tre porzioni. Giorgio le riporta in cucina e torna con il secondo piatto.

"Mi dispiace" annuncia" non c'era né carne né pesce. Ho trovato soltanto tre pacchetti di merluzzo surgelato^{deep frozen cod}.

"Merluzzo" penso io. "Io odio il merluzzo, un pesce senza sapore."

Ne mangio qualche boccone. E mi ricredo. Questo merluzzo è buonissimo!

"Ma quest'uomo è un genio!" penso e ad alta voce dico a Giorgio:

"Lei è veramente bravissimo."

"Sì, davvero bravo" ripete Stefano.

"Io ho dato la ricetta ma per la maggior parte ha cucinato Paolo" fa notare Giorgio.

"Allora bravissimi tutt'e due!" esclama Stefano.

Tutte le persone sedute al tavolo applaudono.

Giorgio sorride, ma Paolo non sorride. Sembra alterato[upset].

Siamo alla fine della cena. I due non hanno avuto il tempo di preparare il dessert. Ma la cena è stata abbondante e tutti sono soddisfatti, anzi soddisfattissimi.

Il concierge si alza e torna con una bottiglia magnum di spumante.

"Questa la offre la casa" dice.

Capitolo 3: Dopo cena

Beviamo lo spumante. Ci alziamo dal tavolo con i nostri bicchieri e parliamo. Sembra una festa.

Io e Stefano parliamo con Paolo, il quarantenne e con la sua fidanzata Clara.

Ci dice che il suo ristorante è in centro a Milano.

"Ho lavorato per altri per anni e finalmente l'anno scorso sono riuscito ad aprire questo ristorante.

E' sempre stato il mio sogno" dice.

Clara, la sua fidanzata. Sorride e aggiunge:

"Io lo aiuto nell'amministrazione. E voi cosa fate?"

"Io vendo computer" dice Stefano "il mio sogno è quello di mettere su un'azienda. Di computer naturalmente."

"Bisogna lavorare tanto" commenta Paolo "e avere talento. Anche per vendere!"

"Sì, ha ragione" fa Stefano.

Io non dico niente. Perché? Perché io non ho sogni. Non adesso almeno. Ne avevo uno quando ero piccolo: volevo fare il detective privato. Ma era un sogno da bambino. Tanti bambini vogliono fare il pompiere^{fireman}, altri l'astronauta, tanti il calciatore^{footballer} e io... io il detective privato. Avere una vita di emozioni, una vita piena di azione... Un sogno da bambino, appunto. Al posto di quel sogno non ne ho avuto più altri, nessun sogno "da grande". Che tristezza, eh!?

Arriva Giorgio dalla cucina. Dice che anche lui vorrebbe aprire un ristorante e poi pubblicare un altro libro di ricette.

"Dieci anni fa il tuo libro è stato un grande successo" dice Paolo. "Anch'io ho sperimentato le tue ricette, ma, mi chiedo... perché non ne hai pubblicati altri? Dove sei stato tutto questo tempo?"

"All'estero" risponde Giorgio evasivamente. "Ma adesso devo andare. Domani spero di poter partire presto."

"Con questa neve!" esclama il concierge. "Non penso proprio."

Lo spumante è finito, la serata è finita.

Giorgio sale in camera. Anche Clara e Paolo salgono in camera.

Io e Stefano restiamo ancora un po' nel salotto davanti al caminetto.

Stefano è un chiacchierone^{chatterbox}, gli piace parlare, raccontare di quello e di quello. Mi racconta del suo lavoro e della sua ex ragazza, Lucilla, che lo ha lasciato perché lavora troppo.

"Anche il mio ragazzo, Paolo, lavora troppo" dice una voce femminile. E' la voce di Clara.

"Paolo si è messo a lavorare al portatile[laptop]" dice. "Io non ho sonno e sono scesa."

Il concierge ci chiede se vogliamo bere ancora qualcosa.

"Una grappina, cosa ne dite?" ci propone.

La grappa
La grappa è un liquore tipico italiano. Può avere un contenuto alcolico tra i 38% e i 60% circa.
La grappa può essere di tanti tipi: alla ciliegia, al mirtillo, al limone…

Accettiamo tutti.

Clara si siede con noi con il bicchiere in mano.

Io la osservo. E' davvero molto bella. Un viso fine, gli occhi grandi da cerbiatto[fawn], la bocca piena, le gambe lunghe e un decollete veramente, si può dire? eccitante.

Lei lo nota e mi rimprovera:

"Lei ha un modo di guardare le donne!"

Io mi sento arrossire come un ragazzino. Clara se ne accorge, accidenti o è diventato tutto rosso!" ride lei.

Io sono imbarazzato e anche un po'... offeso. Mi alzo.

Lei si alza e mi prende il braccio.

"No, non se ne vada, la prego" mi dice.

Mi risiedo. Stefano depone il bicchiere di grappa.

"Io salgo in camera" dice. Sono stanco.

Io resto solo con Clara.

"Da quanto sta con Paolo?" le chiedo.

"Da due anni. Io sono già stata sposata, mi sono separata quattro anni fa. Con Paolo vado d'accordo, anche se..."

"Anche se...?" chiedo io

"Anche se lavoro troppo. Soprattutto pensa troppo al lavoro. E' molto, forse troppo ambizioso."

"Beh, io invece lo sono troppo poco" faccio io. "E mi sento un perdente."

"Ma no!" esclama lei. "Lei sembra un ragazzo così dolce..."

"Grazie" rispondo io. "Forse sono dolce, ma non basta^{it's not enough}."

"Lei che lavoro fa?" mi domanda. "Anzi, tu che lavori fai? Posso darti del tu, vero?"

"Certo."

"Lavoro in banca. Ho studiato da ragioniere[accountant] ma non mi è mai piaciuto, l'ho fatto per mia mamma."

"Tu cosa volevi fare?"

"Se glielo dico si mette a ridere. E' un sogno da ... ragazzini."

"Dimmi! Ti prometto che non riderò"

"Il detective privato" dico.

"Come nei film!" sorride. Ha sorriso. Ma non ho riso.

Guarda l'orologio. Sono le undici.

"Devo andare in camera" dice. "Paolo comincerà a chiedersi dove sono finita."

"Salgo anch'io" faccio io.

Saliamo le scale che portano al piano superiore. Siamo nel ancora in corridoio quando vediamo Roberto uscire da una delle camere. Cammina quatto quatto[very quietly] verso destra. Ma quando ci sente si volta di scatto verso di noi. Si ferma.

Anche noi ci fermiamo.

"Sono andato in camera di Giorgio" dice. "Io... lui... l'ho trovato morto."

Forse non ho capito bene: morto? Ha detto veramente morto?

"Morto?" esclamo.

"Morto?" esclama Clara

"Sì, morto" risponde lui.

Entriamo con lui nella stanza, illuminata debolmente da una lampada sul comodino.

Per terra vediamo il corpo di un uomo. E quell'uomo è Giorgio.

Ha gli occhi stralunati, la bocca semiaperta, una macchia rossa di sangue sulla camicia bianca.

Allungo la mano. Gli tocco il braccio. È rigido e freddo.

"Sì, è morto" dico.

Scendo di corsa dal concierge. Gli spiego l'accaduto^{what happened} e lui sale.

Quando vede Giorgio si dispera.

"Oh Dio!" grida. "Un morto, un morto in questa pensione!"

Qualche minuto, e nella stanza ci sono anche Stefano e Paolo.

Paolo abbraccia Clara

"Va' in camera!" le dice. "Non è un bello spettacolo."

Ma Clara non si muove. Continua a fissare il cadavere, come tutti noi del resto.

"Dobbiamo chiamare la polizia" dice il concierge. "Ma con questa neve sicuramente non arriva fino a domani mattina."

Io guardo l'orologio. Sono le undici e un quarto.

"Sì" dico "ma se l'assassino^{murderer} è qui tra noi, per domani potrebbe essere sparito^{disappeared} e…"

"L'assassino è qui tra noi!" esclama Clara. "O pensate che qualcuno sia venuto da fuori?"

"Non credo proprio" dice il concierge. "Con questa neve nessuno si muove. E poi la casa più vicina è a tre chilometri da qui."

"Bene, ma cosa possiamo fare?" chiede Stefano? "Non possiamo certo indagare^{investigate} noi.

"Io dico che ognuno torna in camera e ci si pensa domani" fa Paolo.

"E … l'assassino?" insisto io. E lancio un'occhiata^{I shoot a glance} a Roberto.

"Perché sta guardando me?" esclama questo.

"Perché l'abbiamo vista uscire dalla camera della vittima" dico io.

"Sì, l'abbiamo vista" conferma Clara.

"E quando l'abbiamo vista se la stava svignando^you were sneaking away" aggiungo io.

"No, non è vero. Non me la stavo svignando!" protesta Roberto.

"Quando sono salito" dice Stefano "ho sentito delle grida provenire dalla stanza di Giorgio."

"Grida di chi?" domando io.

"Giorgio, ho distinto la sua voce. Gridava con qualcuno. Però non so con chi, non ho sentito l'altra voce."

"Beh, allora è tutto chiaro" fa Paolo rivolto a Roberto. "Lei è andato nella sua stanza, avete litigato^quarrelled e lei lo ha ucciso.

"Ma non è vero, non è assolutamente vero!" protesta Roberto. "Quando sono andato nella stanza di Giorgio, lui era già morto. Io non ho ucciso Giorgio. Non avevo nessun motivo. Eravamo amici."

"Forse" dico io "non così amici. Forse quando eravate in carcere…"

"E lei come fa a sapere che noi eravamo in carcere?" domanda questo aggressivo.

"Erano in carcere?" chiede Stefano.

"Ma sì, ma certo" fa Paolo. "E' stato lui, allora! Un ex detenuto, era nella stanza di Giorgio, hanno lititigato... tutto torna."

"No, non sono stato io" insiste quello.

"Beh, lo deciderà la polizia" faccio io.

Il concierge, che è andato a telefonare, dice che la polizia arriverà domani mattina presto.

"Io vado in camera" dice Roberto. "E domani quando arriva la polizia..."

Paolo lo interrompe:

"E come facciamo a sapere che lei non tenterà di scappare?"

"Possiamo chiuderlo nella sua stanza" propone il concierge.

"No, questo non è giusto" esclama Roberto. "Voi mi avete già condannato. Non sono stato io."

"Dovremmo perquisirlo^{search him}, forse ha addosso l'arma del delitto" dico io.

73

Roberto si ribella, ma è inutile. Il concierge e Paolo lo perquisiscono. Ma non trovano niente.

"Avete visto?" strilla^{shouts} Roberto. "Vi ho detto che non sono stato io."

"Probabilmente l'ha nascosta" suggerisce Paolo. E tutti sembrano d'accordo con lui. Insomma nessuno crede a Roberto.

"Lo chiudiamo nella sua stanza" dice il concierge.

"No, come vi permettete?" L'uomo cerca di ribellarsi, ma noi siamo in cinque. Lo "accompagniamo" nella sua stanza e lo chiudiamo dentro.

Capitolo 4: L'Indagine

Ognuno è tornato nella sua stanza. Anch'io e Stefano.

"Che brutta storia" fa Stefano che si sdraia sul letto.

"Sì, proprio una brutta storia" dico io. "Hai sonno? Io sono completamente sveglio e…"

Ma sto parlando con il muro. Stefano già sta dormendo.

Io non ho sonno e comunque non voglio dormire.

Continuo a pensare all'assassinio. Tutti pensano che Roberto sia il colpevole, ma io non sono convinto. Alcune cose non tornano. Ripeto i fatti: Roberto ha appena commesso un delitto[murder].

Esce dalla stanza. Ma non ha l'arma del delitto addosso.

Dov'è quindi? Ancora nella stanza della vittima?

Questo pensiero mi tormenta. Esco quatto quatto. Non voglio svegliare Stefano. Entro nella stanza del "morto". Per fortuna il concierge non l'ha chiusa. Mio Dio, lui, il morto è ancora lì.

Accendo la luce. Metto i guanti che ho portato. Non voglio lasciare le mie impronte in giro.

Cerco l'arma dappertutto, ma non la trovo.

Guardo il corpo per terra.

"Povero Giorgio" mormoro. "Troverò il tuo assassino, te lo prometto."

In quel momento noto una cosa: appesa al collo l'uomo non ha più la chiavetta USB. C'è il cordino, ma la chiavetta è sparita! Mi vengono in mente le parole di Giorgio: "Questa è la cosa più preziosa che ho. E farà la mia fortuna."

"Lo hanno ucciso per questo" mi dico.

Esco dalla stanza. Resto per qualche secondo nel corridoio. Cosa faccio?

Torno in camera oppure continuo a indagare? Qualche secondo per decidere: no, non tornerò in camera. Continuerò. "Può essere pericoloso" mi dico. E mi rispondo: "Ma chi se ne importa? Alessandro, devi pur combinare^{to do} qualcosa nella tua vita! Hai detto a Clara che ti senti un perdente.

Fa' quindi qualcosa per non sentirti più un perdente, ma un... vero uomo."

Detto questo, agisco.

Dovrei parlare con Roberto, ma è chiuso nella stanza e non posso entrare.

Mi chiedo che cosa posso fare per sapere di più. Sono fermo nel corridoio buio e penso.

In quel momento si apre una porta. Una persona esce dalla stanza. E' troppo buio. Non vedo chi è. Io non mi muovo. Sono nel buio e sono sicuro che non mi può vedere. Adesso sto scendendo le scale. E' un uomo.

So chi è! E' Paolo. Ma cosa fa in giro a quest'ora? Dove sta andando? Anche lui indaga?

Aspetto che abbia sceso le scale. Se scendo dietro di lui, mi sente sicuramente.

Adesso faccio qualche passo. Sono sul primo gradino^{step} delle scale.

"Forse è andato in cucina a prendere qualcosa da bere" mi dico. Passa ancora un minuto, e sento i suoi passi nella hall, poi una porta che si chiude. Deve essere la porta d'ingresso.

Adesso sono io nella hall. Apro la porta piano. Vedo che cammina nella neve. Cammina verso una macchina parcheggiata vicino al bosco. E' la macchina di Roberto. L'ho accompagnato io prima di cena.

Sale in macchina. Ne scende dopo neanche un minuto. Adesso sta tornando indietro.

Io torno in stanza di corsa. Non deve vedermi.

Nella mia stanza mi sdraio accanto a Stefano che dorme sodo^{soundly}. Non riesco a dormire. Penso a quello che ho visto e mi chiedo: perché Paolo è andato alla macchina a quell'ora di notte? A cercare qualcosa? Forse l'arma del delitto?

Mi rivolto nel letto. Stefano accanto a me dorme profondamente.

Mi alzo, vado alla finestra. Mi piace guardare la neve che cade. Ma non nevica più adesso.

Torno a letto. E finalmente mi addormento.

Mi sveglio poche ore dopo. E' Stefano che mi sta chiamando:

"Ehi, sveglia! E mattina."

Apro gli occhi.

"Svegliati, Alex!" mi dice. "E' arrivata la polizia."

"Sono appena arrivati?" chiedo io. Salto fuori dal letto e comincio a vestirmi.

"No, sono arrivati quasi un'ora fa."

Ha appena finito di parlare che bussano^{knock} alla nostra porta.

Apriamo. Davanti a noi ci sono due poliziotti. Tra di loro c'è Roberto.

"Signori, abbiamo bisogno della vostra testimonianza" dicono.

"Veniamo subito" faccio io.

In pochi minuti siamo nella hall. Qui ci sono tutti: il concierge, Roberto in manette^cuffs, Clara e Paolo, i due poliziotti.

Uno dei poliziotti si presenta come "il commissario^police inspector Rossi".

"Abbiamo raccolto le testimonianze di tutti" dice rivolto a me e a Stefano "e abbiamo anche trovato l'arma del delitto."

"Davvero?" esclamo io. "Dove?"

"Nell'automobile del qui presente Roberto Valle" il commissario parla con un gergo burocratico che suona strano. "Il suddetto Valle è quindi senz'altro il nostro principale indiziato^suspect. Inoltre" aggiunge sempre rivolto a me" la signora Clara Rana ha dichiarato che voi lo avete visto uscire dalla stanza della vittima."

"Sì, è così"dico io.

In quel momento compare Paolo. Si rivolge al commissario.

"Quindi, commissario Rossi" dice. "Avete l'arma del delitto, due testimoni oculari^eye witness, un ex detenuto… Mi sembra che tutto sia chiaro."

Il commissario gli lancia un'occhiataccia. Forse è seccato per quello che sembra un'ingerenza^interference.

"Sì, si può dire anche così" risponde. "Ma naturalmente dobbiamo ancora indagare, questo è un caso di omicidio. Un caso di grande gravità."

"Posso parlarle in privato?" chiedo io.

"Sì, certo."

Io e il commissario andiamo nella stanza vicina.

"Allora, che cosa mi deve dire signor... signor...?" mi dice il commissario.

"Alessandro Comici" rispondo io.

"Io voglio solo dirle che ho notato alcune cose. Sono sicuramente di rilevanza per il caso."

"Di rilevanza per il caso..." ripete quello con tono ironico. Capisco che non mi sta prendendo sul serio, ma continuo:

"Quando ho visto il corpo della vittima, ho notato che mancava una cosa."

"Una cosa? Cosa intende? Non un arto^{limb} perché il corpo era... completo." Ridacchia.

Sì, decisamente mi sta prendendo in giro$^{\text{he is making fun of me}}$

"No" rispondo. "Una cosa preziosa. Ma non un gioiello o un orologio, una chiavetta USB."

"Ah, una chiavetta USB" ripete il commissario e di nuovo ridacchia.

"Poco prima di essere ucciso, Giorgio, cioè la vittima, mi aveva detto che quella chiavetta era preziosa, la cosa più preziosa che avesse."

"Quindi lei pensa che qualcuno gliel'ha rubata. O che addirittura qualcuno lo ha ucciso per rubargli questa … chiavetta. E' sicuro che non è nella stanza?"

"Lui ha detto che non la toglieva mai."

"Quindi, secondo lei, il movente è la chiavetta. E lei sa anche qual'era il contenuto di questa chiavetta?"

"Ricette" rispondo io prontamente.

"Come scusi?" Il commissario sta sorridendo.

"Ricette, ricette nuove geniali, orig…" comincio a spiegare io, ma sono interrotto.

"Ah ah ah" ride il commissario. "Lei sta scherzando[you're joking]. Qualcuno ha ucciso per … delle ricette. Non siamo nel mondo delle fiabe, mio giovane amico."

Non mi dà neppure il tempo di dire una parola. Mi pianta[leaves] lì come un allocco[stupid] e se ne va.

Io lo seguo.

"Commissario, aspetti aspetti!" gli dico. "Ho altre cose da dirle."

"Vuole parlarmi di altre ricette? Magari un bel pollo arrosto?" Il commissario scuote la testa. "Adesso torniamo in paese. Se vuole questo pomeriggio o domani viene al commissariato e fa la sua dichiarazione..."

Capitolo 5: La soluzione

Il commissario e i poliziotti se sono andati. Hanno portato via Roberto.

Io resto alla pensione. Con me: Stefano, Paolo, Clara e il concierge.

Ognuno va in camera.

"E adesso cosa facciamo?" chiede Stefano. "I poliziotti hanno detto che dobbiamo restare a disposizione, almeno fino a domani."

"Sì, dobbiamo restare qui fino a domani" rispondo io.

"Così se ne va un altro giorno di vacanza!" esclama Stefano seccato.

"Lo so" dico io.

"Sembri distratto" dice il mio amico.

"Continuo a pensare a quell'uomo morto."

"Sì, dispiace anche a me" dice Stefano. "Ma cosa possiamo fare ormai? E' morto. Perché non andiamo a fare una passeggiata tra le montagne?" mi propone.

"No, non ho voglia. Voglio ancora cercare di capire alcune cose."

"Quali cose?"

"Cose che hanno a che fare con l'omicidio di Giorgio."

"Ma l'assassino lo hanno già preso" esclama Stefano. "E' Roberto!"

"No, secondo me non è stato Roberto. E vorrei fare delle..."

"Eh no, Alessandro" m'interrompe il mio amico. "Adesso non dirmi che vuoi metterti a giocare al detective privato!"

"Non gioco a fare il detective privato" ribatto io. "Vorrei solo vederci chiaro... in questo caso."

"Vederci chiaro... caso... ma ti rendi conto[realize] che stai parlando proprio come un detective privato di un qualche film americano?"

Io non rispondo.

"Va be'. Allora vado da solo a fare questa passeggiata!" fa Stefano ed esce.

Io invece vado a cercare il concierge.

E' insieme a un altro uomo, un uomo piccolo e robusto. Me lo presenta:

"Questo è il cuoco. E' appena arrivato."

"Salve" fa il cuoco.

Io faccio una domanda al concierge:

"La polizia ha detto che hanno trovato l'arma del delitto nell'automobile di Roberto. Sa se è ancora vicino al bosco?"

"No, non è più lì" dice lui. "L'hanno portata via questa mattina."

"Ah accidenti!" faccio io.

Salgo al piano superiore e busso alla camera di Clara e Paolo. Ma non c'è nessuno.

Scendo dal concierge e gli chiedo se ha visto la coppia.

"Sì certo. Sono usciti un'ora fa" risponde lui.

"In macchina?" domando io.

"No, la loro macchina non va. L'ha portata via il carro attrezzi[breakdown lorry]. E' arrivato stamattina."

"Dove?"

"In paese. Ma senta... perché mi fa tutte queste domande?" chiede.

"Ma ... così..." rispondo io evasivamente.

"Va be'" dice il concierge. "Adesso vado con il cuoco in paese. Ha bisogno di un passaggio[lift] per caso?"

"No grazie" rispondo io. E tra me:

"Io devo fare un'altra cosa."

Vado al piano superiore alla stanza di Clara e Paolo. Metto la mano sulla maniglia^{handle} della porta, ma naturalmente è chiusa.

"Devo entrare in questa stanza" mi dico. "Se non ci arrivo dall'interno, ci arrivo dall'esterno."

Vado nella mia stanza. Esco dalla finestra e salgo sul cornicione^{eaves}. Cammino piano piano attentissimo.

"Speriamo che la finestra sia aperta" mi dico. Sìì, sono fortunato, la trovo aperta!

Entro nella stanza. Frugo^{search} dappertutto, ma non trovo la chiavetta.

"Forse Paolo la porta addosso" mi dico. Perché sono convinto che Paolo abbia la chiavetta.

Ma come posso scoprirlo? Non posso certo perquisirlo!

Esco dalla stanza. Di nuovo sono sul cornicione. In quel momento sento delle voci. Sono Paolo e Clara. Stanno rientrando.

"E adesso che facciamo?" sta dicendo Clara.

"Cosa vuoi fare, cara?" risponde lui. "Stasera dobbiamo restare qui e domani possiamo andare all'hotel che abbiamo prenotato."

"Io non ho più voglia di andare in vacanza. Dopo quello che è successo…"

"Beh, hai ragione"dice lui. "Forse è meglio che andiamo a casa. Ma che freddo, accidenti!"

"E certo. La finestra è aperta. Adesso la chiudo."

Io mi appiattisco[I flatten myself] contro la parete mentre la finestra viene chiusa.

Torno in camera. Stefano non è ancora tornato.

E adesso mi chiedo cosa posso fare. E mi rispondo: "Adesso niente. Non posso più fare niente."

Mi stendo sul letto. Cerco di pensare. Invece mi addormento. Sono molto stanco perché di notte ho dormito così poco!

Mi risveglio nel pomeriggio. Quando apro gli occhi vedo Stefano seduto che sta leggendo qualcosa al suo Kindle.

"Ah ti sei svegliato finalmente" mi dice.

"Perché, che ore sono?"

"Le sei."

"Cavolo!"

"Tra un'ora si mangia."

"Ah bene."

"Ci sono i poliziotti."

"Di nuovo?"

"Sì, hanno perquisito la stanza di Paolo e Clara. Il commissario ha detto che Roberto gli ha parlato di una chiavetta… Forse cercava quella!"

"Ma non sono venuti nella nostra!"

"No, nella nostra no."

"Hanno trovato qualcosa? Strano vero?"

"Hanno detto qualcosa?"

"Niente, sono entrati e hanno perquisito la stanza."

"E certo. La chiavetta lui ce l'ha addosso!" dico io.

"Ancora con questa storia della chiavetta! Comunque non è così, hanno perquisito anche lui e lei. La famosa chiavetta non c'è. Comunque è davvero facile nascondere una chiavetta. Così piccola si può mettere dappertutto."

"Già, dappertutto."

Io esco subito dalla stanza per cercare i poliziotti. Ma non c'è più nessuno.

"Accidenti, accidenti a me!" esclamo io. "Volevo parlare con loro invece ho dormito. Cretino che sono!"

Ormai non posso fare più niente. Torno in camera.

Alle sette e mezza io e Stefano scendiamo per la cena. Paolo e Clara sono già là.

Oggi ha cucinato il cuoco dell'albergo: cappelletti in brodo, cotolette alla milanese, insalatone e gelato.

Cotolette alla milanese

Le cotolette alla milanese sono (come suggerisce il nome) un piatto tipico di Milano.

Ingredienti:

4 fette di fesa di vitello (o cotolette con l'osso)

1 uovo

Pane grattugiato

Burro

1 cucchiaio d'olio

Sale

Ricetta:

Per l'impanatura (covering with breadcrumbs): sbattete le uova dentro una fondina (soup plate) e grattugiate il pane seccato.

Salate la carne e quindi passate ciascuna costoletta nell'uovo sbattuto e successivamente nel pangrattato.

Mettete del burro in un tegame, fatelo sciogliere e quindi leggermente soffriggere, aggiungete poi le costolette e fatele ben dorare su entrambi i lati.

Servite le vostre cotolette ancora calde.

Nessuno parla, c'è un'atmosfera cupa[bleak]...

Paolo ha mangiato due cappelletti e poi ha lasciato lì. Quando sono arrivate le cotolette ne ha mangiate qualche pezzo e ha lasciato lì anche quelle.

"Questi pietanze sono orribili" dice. "Lo chef non sa cucinare."

"Secondo me non sono così male" dice Stefano che sta mangiando con grande appetito.

Io ho mangiato tutto: non era niente di eccezionale ma non era neppure cattivo.

Paolo si alza.

"Dove vai caro?" chiede Clara

"Vado a parlare con lo chef."

Va in cucina dove si trattiene per dieci minuti.

Quando torna sembra soddisfatto.

"Mi ha detto che lui è un cuoco 'normale' non un grande chef. Almeno lo ammette."

"Sì, caro però non hai mangiato niente…"

"Beh, sapete cosa vi dico?" esclama lui. "Da ieri sono avanzate delle lasagne, quelle cucinate dal grande Giorgio. Adesso le scaldo e me le mangio." Poi rivolto a noi chiede:

"Qualcuno ne vuole?"

Ma nessuno dice di sì. Abbiamo tutti poco appetito evidentemente.

Finiamo il gelato e ce ne andiamo. Resta soltanto Clara che aspetta Paolo.

Sto uscendo quando arriva Paolo con le lasagne. Clara è seduta accanto a lui.

Non passa neanche un minuto che Clara ci raggiunge nel salotto dove stiamo bevendo il caffè.

"Devo telefonare" dice. "E Paolo mangia così lentamente... Sembra che quelle lasagne siano merce preziosa."

Ci sediamo nella saletta. Clara si mette a telefonare. Stefano sta leggendo sul Kindle, io rimugino[brood over]. Su che cosa? Su quelle parole: Merce preziosa. Perché? Non lo so. Ma continuano a girarmi nella testa: merce preziosa, preziosa, preziosa. Preziosa... come la chiavetta!

All'improvviso un lampadina mi si accende in testa.

Mi precipito[I rush] nella sala da pranzo. Appena in tempo per vedere Paolo che sta prendendo qualcosa dalle lasagne. Qualcosa che adesso tiene in mano.

"Cosa hai in mano?" grido io.

"Niente" risponde lui. Si vede che è allarmato, spaventato[frightened]...

"Invece sì! Mi faccia vedere" dico io avvicinandomi.

Lui si alza in piedi, la mano sempre serrata^{clenched} intorno a qualcosa.

Io mi avvicino ancora.

"Mi faccia vedere!" ripeto.

Intanto Clara, che forse mi ha sentito gridare, entra nella sala.

"Cosa succede?" grida.

"Questo mezzo matto dice che ho qualcosa in mano" risponde lui con la voce che gli trema.

Clara mi guarda

"Non capisco. Cosa vuol dire?"

"Vuol dire che, secondo me, il suo fidanzato ha in mano una chiavetta. E' la chiavetta che ha preso a Giorgio. Quando lo ha ucciso."

"Ucciso?" Clara trasecola^{is astonished}. In questo momento capisco che non è sua complice. Clara non sa niente.

"Ma cosa dice?" chiede rivolta a me.

"Ti ho detto che è un mezzo matto!" grida Paolo.

"Allora lo dimostri" dico io. "Ci faccia vedere cosa tiene in mano!"

"Non ho niente in mano."

Anche Clara adesso sta guardando la mano. E vede che è chiusa a pugno[fist].

"Apri la mano Paolo, così tutti..." lo esorta.

"Ti ci metti anche tu?" grida lui. E indietreggia verso la porta.

Clara fa qualche passo verso di lui.

"Paolo, per favore, apri quella mano!" gli dice.

"Apra la mano, ci faccia vedere!"insisto io. .

Arriva il concierge, attirato dalle nostro grida.
"Cosa succede qui, perché gridate?" chiede.

Paolo guarda me, poi Clara, poi il concierge. Infine si mette a correre.

Attraversa la hall, prende la porta, esce.

Io non so cosa fare: lo inseguo, oppure semplicemente chiamo la polizia?

Decido. Lo inseguo. Esco di corsa. Ma Paolo è stato davvero veloce: lo vedo che sta salendo in macchina.

Adesso è in macchina. Sta partendo. La macchina parte e io dietro. Non riesco a raggiungerla.

Adesso è sulla collina.

Un braccio esce dal finestrino. Sta salutando?

Rientro nell'albergo. Pochi minuti e arriva la polizia. L'ha chiamata il concierge.

Adesso il commissario è sicuro che Paolo sia il colpevole.

Lui ha la chiavetta. Lui ha ucciso per quella chiavetta, per quelle ricette.

E la chiavetta era nelle lasagne.

"Ma quando l'ha messa?" chiede Clara. Sta piangendo. Sembra disperata.

"La notte dell'omicidio" rispondo io. "Io l'ho visto quando è uscito dalla stanza."

"E non ci ha detto niente!" mi rimprovera^(he reproaches) il commissario.

"Eh, no! Adesso non dia la colpa^(fault) a me"scatto io. "Lei non mi ha lasciato parlare."

Il commissario non dice niente. Non vuole ammettere che ho ragione.

Quanto è antipatico^(unpleasant) 'sto tipo!

"Quella notte non riuscivo a dormire e sono uscito dalla mia stanza" spiego. "Ho visto Paolo che scendeva, ma non ho visto dove è andato. So

95

solo che è stato nella pensione per qualche minuto. Non ho visto che era andato in cucina. Poi è uscito. Io sono arrivato fino alla porta e da lì l'ho osservato. Era andato alla macchina di Roberto. Capisco solo ora che ci è salito per metterci l'arma del delitto."

"Quindi ha davvero ucciso per delle ricette?!" esclama il commissario.

Clara tra le lacrime dice che per Paolo il ristorante e la cucina sono tutto.

"Ma anch'io non pensavo che arrivasse a tanto... che arrivasse a uccidere!"

Un anno dopo

Il giorno della Befana. Il compleanno della nonna, compie novantasei anni. Quest'anno non vado in vacanza in montagna. Quest'anno sto in città.

Eccoci tutti a casa della nonna: la mamma, gli zii Pietro e Giovanni, con le rispettive mogli, i loro due figli, Maria con il fidanzato e Giulio da solo. E poi, io però non sono solo, sono insieme a una donna bellissima. Alta, bionda, snella.

"E' la tua ragazza, è Clara?" chiede Maria.

"Sì, è Clara."

Clara sorride. Sembra felice.

Quando Paolo se n'è andato lei era veramente disperata.

No, non perché lo amava... Mi ha detto che non l'ha mai amato veramente, gli ha voluto bene, ma non amato. Era disperata perché l'aveva lasciata sola. Sola, ma con il ristorante.

Voleva venderlo, ma io le ho detto:

"No, non venderlo! Ti posso aiutare io a proseguire^{continue} l'attività!

"Ma tu non capisci niente di ristoranti" ha ribattuto lei.

97

"Però capisco di numeri. Tu amministri la cucina, io amministro i conti^{bills}."

E così eccomi ad amministrare il ristorante, insieme a Clara, che è diventata la mia ragazza.

Non ancora fidanzata, solo ragazza.

Ho lasciato il mio posto in banca naturalmente. Ma senza rimpianti. Non mi piaceva lavorare in banca.

E io sono felice come non sono mai stato.

In quanto a Paolo, non lo hanno più trovato.

Due settimane Clara ha ricevuto una e-mail da un indirizzo sconosciuto. La mail era senza firma, ma naturalmente ha capito subito chi era l'autore!

Cara Clara

ho pensato tanto a te.

Non so che cosa pensi adesso di me, ma sappi che ti ho amato tanto e ti amo ancora.

Ho fatto una cosa terribile e sono pentito[1] repent. Ma non volevo uccidere Giorgio.

Ero andato in camera sua solo per parlare con lui. Volevo convincerlo a mettere su un ristorante insieme. Lui però ha reagito male. Mi ha detto di andare via, che ero uno stupido, un fallito. Mi ha detto una cosa che io non potevo accettare, che non sono un bravo cuoco, che di cucina non capisco niente. Ho perso la testa, cara Clara... Ho preso un fermacarte[paperweigh] che c'era sul tavolo e ... l'ho ucciso. Al momento non ho capito neppure io cosa fosse successo. Poi mi sono reso conto di quello che avevo fatto. Lui era per terra, era morto. Stavo per uscire quando mi sono detto: ho ucciso un uomo, almeno che sia per qualcosa. Gli ho preso la chiavetta che aveva al collo. Mi aveva detto che lì dentro erano tutte le sue ricetta. Poi.... poi credo che tu sappia...

Adesso non posso dirti cosa faccio né dove sono. Però non sono felice come vorrei.

A volte penso a Giorgio e penso a lui morto. Lui che voleva aprire un ristorante. Ma una consolazione c'è, le sue ricette non sono andate perdute. Le ho fatte vivere una dopo l'altra e non moriranno mai. Questo me lo sono promesso e nei pensieri l'ho giurato a lui.

Questa sarà l'ultima volta che hai notizie di me.

Ti amo e non smetterò mai di amarti.

Queste sono le ultime parole di Paolo.

Clara ha pianto. Sulla mia spalla.

Poi abbiamo fatto l'amore.

Made in the USA
Middletown, DE
29 October 2015